ANTIPASTI, TAPAS UND MEHR

von
Ute Scheffler

BuchVerlag
für die Frau

ISBN 978-3-89798-561-2

Fotos: Colourbox.de (Titel, S. 2, 8/9, 15, 29, 35, 37, 39, 43, 47, 50/51, 55, 59, 63, 65, 71, 75, 79, 81, 84/85, 87, 89, 07, 101, 109, 117), Fotolia.com (S. 6: Visions-AD; S. 17: Id1976; S. 22/23: Cornelius; S. 105: katinkah), Pixabay.de (S. 93)
Einband, Satz, Typografie: HOFMEISTER STAUDER. Büchermacher, Berlin
Druck: Salzland Druck GmbH, Staßfurt
Bindearbeiten: Müller Buchbinderei GmbH, Leipzig

Printed in Germany
www.buchverlag-fuer-die-frau.de

INHALT

WOHLFÜHL-HÄPPCHEN

Es gibt wahrscheinlich nur wenige, denen bei den Worten „Antipasti" oder „Tapas" nicht das Wasser im Mund zusammenläuft. Sogar mit den eher ungewohnten „Mezze" wissen inzwischen viele etwas anzufangen. Die abwechslungsreichen Häppchen sind weitaus mehr als „schnöde" Vorspeisen oder stylisches Fingerfood. Sie erinnern uns an Urlaub, versprechen angenehme Stunden mit Freunden, präsentieren sich als kleine Knabbereien zu Wein oder Bier und haben ihren festen Platz unter unseren Lieblingsspeisen. Das ist nicht verwunderlich. In der mediterranen

Küche sind die vielseitigen Snacks geradezu unverzichtbar.

Heimisch rund ums Mittelmeer, punkten sie nicht nur mit den Aromen von Sonne, Meer und Wohlfühlzeit, sie haben auch einige Zutaten gemeinsam, die die Küchen der verschiedenen Mittelmeerländer verbinden wie Olivenöl, Knoblauch, Tomaten, saisonale Gemüse, deftige Fleischspezialitäten und Meeresfrüchte.

Ob sie nun *Antipasti* in Italien, *Tapas* in Spanien oder *Mezze* in Nahost heißen, ob sie deftig-würzig wie in Griechenland oder manchmal verführerisch süß wie in der Türkei schmecken – sie sind unendlich vielfältig und irgendwie unwiderstehlich.

Inzwischen kann man das Meiste nicht nur in Delikatessenläden kaufen, sondern kostengünstig auch in vielen Supermärkten. Das Internet macht es noch leichter, sich die eigenen Favoriten auf den heimischen Tisch zu holen. Dabei sind nur ein bisschen Zeit und je eine Prise Phantasie und Fingerspitzengefühl erforderlich, um die variantenreichen Häppchen selbst zuzubereiten. Frisches Gemüse vom Bauernmarkt oder aus dem eigenen Garten bietet sich geradezu an, eingelegt, gegrillt oder gebacken zu werden. Oliven oder getrocknete Tomaten sollten gekauft werden, da ihre Zubereitung zeitaufwändig und alles andere als energiesparend ist. Auch Wurst- und

Käsespezialitäten gehören auf den Tisch, setzen aber weder eine Fleischer- noch eine Molkereilehre voraus. Die gibt's in gut sortierten Feinkostgeschäften. Das Geheimnis ist schlicht und einfach die gelungene Kombination. In diesem Sinn laden wir Sie ein zu einer Reise rund ums Mittelmeer, damit Sie hier probieren, dort naschen und am nächsten Ort etwas Neues kennenlernen können. Lassen Sie es sich schmecken!

(Alle Rezepte gelten, wenn nicht anders angegeben, für 4 Personen.)

KÖNIGLICHE BISSEN – TAPAS

Eine der schönsten Geschichten, wie der spanische Brauch, kleine Häppchen zum Wein zu essen, entstanden sei, erzählt vom kastilischen König Alfons. Seine Ärzte rieten ihm, selbstverständlich im Interesse der Gesundheit, zum Wein zwischen den Mahlzeiten stets eine Kleinigkeit zu essen.

Allerdings scheint die Erklärung, dass man im heißen Spanien die Weingläser oft mit einer Scheibe Brot abdeckte, um den Inhalt vor Fliegen zu schützen, naheliegender. Damit dieser *essbare Deckel* nicht davonflog, beschwerte man ihn mit Oliven. Das erklärt auch den Namen, steckt in Tapas doch *tapa*, spanisch *Deckel* oder *Abdeckung*. Letztlich aber ist es egal, welcher historischen Begebenheit wir die köstlichen Beilagen verdanken. In spanischen Tapas-Bars geht ohne sie gar nichts. Man verzehrt sie im Stehen und jede Bar bietet zu Wein, Sherry, Wermut, Portwein oder Bier ihre ganz individuelle, kostenlose Auswahl. Neben den typischen *Tapas*, also Oliven und in Öl gerösteten sowie gesalzenen Mandeln, gibt es eine geradezu unüberschaubare Anzahl von Rezepten, die sich regional und qualitativ unterscheiden. Doch – ehrlich – probieren möchte man sie am liebsten alle.

TAPAS
Patatas bravas
Pescadito
Chipirones
Buñuelos de bacalao
Pulpo a la gallega
Calamar a la romana
Mejillones a la marinera
Almejas a la marinera
Anchoas
Boquerones
Gambita salteada
Cigalitas salteadas
Jamón Ibérico
Cañaillas
Bigaros
Navajas
Berberechos
Tortilla de patata
Choricitos picantes
Pimientos de Padrón

ZITRONEN-AIOLI

2 Knoblauchzehen / 1 Bio-Zitrone
1 TL Senf / 2 Eigelb / Salz
200 ml Sonnenblumen- oder Rapsöl

Knoblauch schälen und in grobe Stücke schneiden. Zitronen heiß abwaschen, abtrocknen, dann die Schale abreiben und eine Zitronenhälfte auspressen. Alles mit Senf, Eigelb und Salz in einen hohen Mixbecher geben. Den Stabmixer auf den Boden des Bechers drücken und zum Pürieren sehr langsam nach oben ziehen, dabei nach und nach das Öl zugießen. Es soll eine glatte, sehr cremige Masse entstehen. Fertige Zitronen-Aioli in ein Schälchen geben und im Kühlschrank aufbewahren.

MOJO VERDE

(Grüne Sauce)

1 grüne Paprika
1 grüne Chilischote
1 Knoblauchzehe / 1 Bund Koriander
½ Bund Petersilie / 100 ml Öl

Paprika- und Chilischote waschen und halbieren, dabei Stiel und Kerngehäuse entfernen, dann klein schneiden. Knoblauch schälen und grob hacken. Die dicken Stiele von Koriander und Petersilie abschneiden und das übrige Grün grob hacken. Alle Zutaten in einem hohen Gefäß fein pürieren. Sauce in eine Schale füllen und bis zum Verbrauch in den Kühlschrank stellen.

MOJO ROJO

(Rote Sauce)

2 rote Chilischoten
2 Knoblauchzehen
200 g geröstete Paprika (Konserve)
1 EL Tomatenmark / 1 EL Paniermehl
100 ml Öl / 1 TL Salz
1 TL Kreuzkümmel (gemahlen)
1 TL Paprikapulver (edelsüß)

Chilischoten waschen, Stiel entfernen, halbieren, entkernen und klein schneiden. Knoblauchzehen schälen und grob hacken. Paprika gut abtropfen lassen. Alle Zutaten nicht zu fein pürieren. Mojo Rojo in eine Schale füllen. Im Kühlschrank aufbewahren.

PAPAS ARRUGADAS

(Runzel-Kartoffeln in Salzkruste)

1 kg kleine Kartoffeln (Drillinge)
250 g grobes Meersalz

Kartoffeln gründlich waschen und mit dem Meersalz in einen Topf geben. Topf mit Wasser auffüllen, bis die Kartoffeln vollständig bedeckt sind. Kartoffeln zugedeckt bei mittlerer Hitze ca. 20 Minuten kochen. Die garen, nicht zu weichen Kartoffeln abgießen. Zurück auf den Herd stellen und bei geringer Hitze ca. 15 Minuten ausdampfen lassen. Topf dabei gelegentlich durchrütteln. Die Kartoffeln werden dabei leicht runzelig und bekommen eine feine Salzkruste.

TIPP: Dieser Klassiker der kanarischen Küche wird auf Lanzarote, Teneriffa oder Gran Canaria regelmäßig als Tapa oder Beilage serviert. Die Kanaren verwenden traditionell Meerwasser für die Zubereitung. *Papas Arrugadas* schmecken warm wie kalt zu Fleisch oder auch nur mit beliebten Saucen wie *Mojo Verde* (S. 18) und *Mojo Rojo* (S. 19).

Abb. nächste Doppelseite: Albóndigas (vorn; Rezept S. 24), Papas Arrugadas (rechts), Manchego (links)

SCHARFE ALBÓNDIGAS

(Spanische Fleischbällchen)

4 Zwiebeln / 3 Knoblauchzehen
100 g Rucola / ½ Bund frischer
Koriander / 100 g Tortilla-Chips
100 ml Milch / 60 g Feta / 2 Eier
800 g Rinderhackfleisch / Salz
Pfeffer / 1 getrocknete Chili
2 frische rote Chilischoten
½ TL Kreuzkümmel / ¼ l Hühner-
brühe / 4 EL Öl / 4 EL Zucker

Zwiebeln und Knoblauch schälen, die Hälfte sehr fein hacken. Rucola waschen und trocken schütteln. Koriander waschen, die Blätter von den Stängeln zupfen und zusammen mit dem Rucola ebenfalls fein hacken.

Tortilla-Chips zerbröseln und mit der Milch in eine große Schüssel geben, 5 Minuten einweichen. Eventuell etwas Milch nachgießen. Den Feta fein zerbröseln. Etwas als Garnitur zur Seite stellen.

Käsebrösel mit Zwiebel, Knoblauch, Koriander, Rucola und den Eiern zu den eingeweichten Tortilla-Chips geben und gut vermischen. Rinderhackfleisch dazugeben und mit Salz und Pfeffer kräftig abschmecken. Alles gut mit den Händen vermengen. Daraus mittelgroße Fleischbällchen formen und diese abgedeckt 4 Stunden im Kühlschrank ruhen lassen.

Inzwischen getrocknete Chili in einer Schüssel mit kochendem Wasser 15 Minuten einweichen. Danach abtrocknen und in grobe Stücke schneiden. Frische Chilischoten waschen, Kerngehäuse entfernen und in Ringe schneiden. Restliche Zwiebel und Knoblauch grob zerkleinern. Anschließend alles zusammen mit Kreuzkümmel, Hühnerbrühe, 1 EL Öl, den getrockneten Chilistückchen und Zucker pürieren, bis eine glatte Sauce entsteht. Eventuell noch etwas Öl zugeben. Mit Salz und Pfeffer abschmecken.

Restliches Öl in einer großen Pfanne erhitzen und die Fleischbällchen von allen Seiten braun braten. Hitze reduzieren, die Chili-Sauce zu den Fleischbällchen geben und 15 Minuten köcheln lassen. Falls nötig, noch etwas Hühnerbrühe nachgießen. Fleischbällchen in Schalen verteilen und verschiedene Dips dazu reichen.

TIPP: In Spanien wird traditionell *Ancho-Chili* verwendet. Deutschen Gaumen sei empfohlen, sowohl Chilisorte als auch Menge dem eigenen Schärfewunsch und der Gewöhnung an die feurigen Scharfmacher anzupassen.

SPANISCHE VORSPEISENPLATTE

Für 6 Personen

Champignons in Sherry

500 g kleine Champignons
1 rote Zwiebel / 2 Knoblauchzehen
4 EL Öl / 100 ml Sherry / Salz
Pfeffer / 1 EL frische Petersilie

Paprika-Sardellen

200 g geröstete Paprika (aus dem Glas) / 100 g Sardellenfilets in Öl
2 Knoblauchzehen / 1 EL Olivenöl
1 EL frische Petersilie
1 EL Mandelblättchen

Manchego mit Quittengelee

200 g Aprikosen / 200 g Quitten-
gelee / 1 Handvoll Pinienkerne
400 g Manchego (Hartkäse)

Außerdem

je 170 g schwarze und grüne Oliven
170 g eingelegte Artischockenherzen
150 g eingelegte Meeresfrüchte
200 g Aioli (gekauft o. Rezept S. 16)
1 TL gehackter Knoblauch
1 EL gehackte Petersilie
2 Baguettes / 200 g spanischer
Schinken (z. B. Serrano)
200 g Chorizo (spanische Wurst)
je 1 Handvoll getrocknete Aprikosen
und Mandeln / 250 g Weintrauben

Für die *Champignons* zunächst die Pilze putzen. Zwiebel und Knoblauchzehen schälen und hacken. Öl in einer Pfanne erhitzen. Zwiebeln und Knoblauch kurz anbraten. Champignons dazugeben und bei mittlerer Hitze 5 Minuten braten. Mit Sherry ablöschen und köcheln lassen, bis die Flüssigkeit deutlich reduziert ist. Mit Salz und Pfeffer abschmecken. Alles in eine Schale geben und mit frisch gehackter Petersilie bestreuen.

Paprika und Sardellen für die *Paprika-Sardellen* gut abtropfen lassen. Dann Paprika in Streifen schneiden. Knoblauchzehen schälen und hacken. Alles zusammen mit Olivenöl und gehackter Petersilie in eine Schale geben und vermengen.

Mandelblättchen in einer Pfanne leicht anrösten. Über die Paprika-Sardellen streuen.

Für den *Manchego* die Aprikosen blanchieren und die Haut abziehen. Aprikosen halbieren, entkernen und in feine Würfel schneiden. Quittengelee in einem Topf erwärmen. Pinienkerne in einer Pfanne leicht anrösten. Aprikosen und Pinienkerne zum Gelee geben und in eine Schale füllen. Manchego erst in nicht zu dünne Scheiben und dann in Dreiecke schneiden und kreisförmig um die Schale drapieren.

Alle weiteren Zutaten in kleinen Schalen anrichten. Nach Belieben mit Knoblauch und gehackter Petersilie bestreuen. Das Brot in Scheiben schneiden und anrösten. Brotscheiben, Schinken, Chorizo, getrocknete Aprikosen, Mandeln und Weintrauben gemeinsam mit allen Tapas-Schalen servieren.

DATTELN IM SPECKMANTEL

8 Scheiben Speck / 16 Datteln
120 g Ziegenfrischkäse

Backofen auf 175 °C vorheizen. Speckscheiben halbieren. Nicht zu kleine Datteln der Länge nach einschneiden, die Kerne entfernen. In diese Vertiefungen etwas Ziegenfrischkäse füllen. Die Datteln wieder gut zusammendrücken und fest mit einem halben Speckstreifen umwickeln. Backblech mit leicht erhöhtem Rand mit Backpapier auslegen, die Datteln darauf verteilen und ca. 10 Minuten im Ofen backen. Warm servieren.

TIPP: Schmeckt auch mit Backpflaumen.

PIMIENTOS DE PADRÓN

(Bratpaprika mit Meersalz)

400 g kleine grüne Paprika
250 ml Öl / 2 EL Meersalz

Paprikaschoten gründlich waschen. Öl in eine tiefe Pfanne geben – der Boden sollte mindestens 1 cm hoch mit Öl bedeckt sein – und langsam erhitzen. Die Hälfte der Früchte in die heiße Pfanne geben. 2 bis 3 Minuten anbraten, dabei regelmäßig wenden, bis die Haut rundherum Blasen schlägt. Die Paprika mit einer Schaumkelle aus der Pfanne nehmen. Auf einem mit Küchenpapier ausgelegten Teller abtropfen lassen. Mit der zweiten Hälfte ebenso verfahren. Die gebratenen Paprika auf einem

Teller oder in Tapas-Schalen anrichten und mit Meersalz bestreuen. Sie schmecken noch warm am besten.

TOMATEN-GAZPACHO

Für 8 Personen

1,5 kg Tomaten / 80 g Kapern
½ Bund Basilikum / 50 g Parmesan
Meersalz / Pfeffer / Olivenöl
1 TL grüne Thai-Curry-Paste
150 g Joghurt oder Sauerrahm

Den Ofen auf 200 °C vorheizen. Ein Backblech mit Backpapier belegen. Die Tomaten halbieren und mit der Hautseite auf dem Blech verteilen. Einige Kapern auf die Tomaten legen, mit Basilikum, geriebenem Parmesan,

Salz und frisch gemahlenem Pfeffer bestreuen. Olivenöl darüber träufeln. Die Tomaten ca. 30 Minuten backen, bis sie leicht angeröstet sind. Aus dem Ofen nehmen und abkühlen lassen.

Tomaten enthäuten und mit der grünen Curry-Paste im Mixer pürieren. Wasser zufügen, bis die Flüssigkeit die gewünschte Konsistenz hat. Die Suppe kaltstellen. Vor dem Servieren Joghurt unterrühren. Die gut gekühlte Suppe auf 8 Schüsseln oder Gläser verteilen und nach Belieben garnieren.

LACHS-TALER

400 g Räucherlachs / 4 Frühlingszwiebeln / ½ rote Paprika / 2 Eier
Paprikapulver / Salz
150 g–200 g Paniermehl
Öl zum Ausbraten

Den Lachs in kleine Stücke schneiden, Paprika würfeln, Frühlingszwiebeln in Ringe schneiden, Eier verquirlen. Alle Zutaten, bis auf Öl und Paniermehl, miteinander vermengen. Mit scharfem Paprikapulver und Salz kräftig abschmecken. Dann das Paniermehl nach und nach zur Lachs-Paprika-Mischung geben. Sobald die Masse gut formbar ist, daraus ca. 8 cm große, runde Patties formen. Öl in einer Pfanne erhitzen und die

Lachs-Taler pro Seite ca. 5 Minuten goldbraun anbraten.

TIPP: Dazu schmeckt die Zitronen-Aioli von Seite 16.

EINGELEGTER SCHAFSKÄSE

500 g Schafskäse / 1 Zwiebel
1 Knoblauchzehe / 4 Zweige
Rosmarin / Öl zum Auffüllen

Den Schafskäse in Würfel schneiden. Zwiebel und Knoblauch abziehen und grob zerkleinern. Rosmarinzweige abbrausen und trocken schütteln. Käsewürfel, Zwiebel, Knoblauch und Kräuter abwechselnd in ein hohes Gefäß schichten und mit Öl (am besten eignen sich Oliven- oder Sonnen-

blumenöl) auffüllen. Verschließen und wenigstens 2 Tage durchziehen lassen.

TIPP: Je nach Salzgehalt des Käses kann man etwas nachwürzen. Wer keinen Schafskäse mag, kann jeden beliebigen nicht zu harten Käse so einlegen.

MANCHEGO-BÄLLCHEN

500 g Magerquark / 2 Eier
100 g Mehl / 100 g Manchego
50 g Semmelbrösel
Öl zum Frittieren

Den Magerquark abtropfen lassen und mit Eiern, Mehl und frisch geriebenem Manchego mischen. Die Masse mit Salz und Pfeffer würzen und zu walnussgroßen Bällchen formen. Diese in den Semmelbröseln wälzen und in heißem Öl goldbraun frittieren. Auf Küchenpapier abtropfen lassen und warm oder kalt servieren.

TIPP: Manchego ist ein Hartkäse aus Schafsmilch mit einem intensiven, leicht pikanten Geschmack.

SCHINKEN UND MELONE

Für 30 Spieße

1 reife Zuckermelone / 15 Scheiben Serrano Schinken / 30 mit Paprika gefüllte, grüne oder schwarze Oliven

Die Zuckermelone gründlich von der Schale befreien und in 30 gleichmä-

ßige Stücke schneiden. Die hauchdünn geschnittenen Schinkenstreifen teilen und um die Melonenstücke wickeln. Jeweils zusammen mit einer Olive auf kleine Spieße stecken.
TIPP: Zahnstocher eignen sich hervorragend hierfür.

SCHNELLE FEIGEN-TÖRTCHEN

250 g Blätterteig (TK)
4 große Feigen / Zimt / Zucker
Milch

Den tiefgekühlten Blätterteig kurz antauen lassen, dann ausrollen und mit einem Müsliteller oder einem

passenden Schälchen runde Kreise von ca. 15 cm Ø ausstechen.

Die Feigen waschen, abtrocknen, achteln und die Teigkreise gleichmäßig mit den Feigenstücken belegen. Dabei einen Rand freilassen.

Etwas Zimt mit Zucker mischen und die Feigen nach Geschmack damit bestreuen. Die Teigränder mit Milch bepinseln und die Törtchen etwa 15 bis 20 Minuten im Ofen backen, bis der Rand eine goldgelbe Farbe annimmt.

Die Feigentörtchen möglichst noch ofenwarm genießen – pur oder mit einer Kugel Vanilleeis.

KLEINE VERFÜHRER – ANTIPASTI

Lucius Lucullus war ein römischer Feldherr, Senator und Konsul, ein Zeitgenosse von Julius Cäsar. Bis in unsere Zeit ist er bekannt als Feinschmecker, der Gastmahle liebte, die ersten Kirschen aus der pontischen Stadt *Giresun* importierte und sich für die persische Gartenkunst interessierte. Schon zu seiner Zeit gehörten zu einem ordentlichen *Gelage* unzählige Vorspeisen – eben *Antipasti* (italienisch für *Vor der Mahlzeit*).

Dabei handelt es sich um vielfältige kleine Gerichte als Auftakt eines mehrgängigen Menüs. Zu den Klassikern gehören getrocknete Tomaten,

gegrillte Paprika, Zucchini, Auberginen, Artischocken, eingelegte Zwiebeln, aber auch Bruschetta mit frischem Belag, marinierte Fische und Meeresfrüchte und luftgetrockneter Aufschnitt wie Schinken oder Salami sowie Carpaccio. Im Heimatland der Antipasti ist es üblich, vorbereitete Antipasti in einer Vitrine – gut sichtbar im Restaurant – zur Schau zu stellen, sodass der Gast sich ganz nach seinem Geschmack eine Auswahl zusammenstellen kann. Viele der köstlichen Kleinigkeiten lassen sich leicht und schnell auch zu Hause zubereiten, um dann gemeinsam mit Freunden oder der Familie die mediterranen Leckerbissen zu probieren und zu genießen.

CIABATTA

Für 2 Brote

500 g Weizenmehl (Type 550)
15 g frische Hefe / 1 TL Gerstenmalz-sirup (Naturkostladen) / 15 g Salz
2 EL kaltgepresstes Olivenöl

150 g Mehl in eine Schüssel geben. 5 g Hefe und den Sirup mit 180 ml handwarmem Wasser verrühren. Zum Mehl geben und zu einer glatten Masse verrühren. Schüssel mit Klarsichtfolie abdecken und 12 Stunden kaltstellen, sodass die Hefe viel Zeit hat zu gehen. Die restliche Hefe mit 250 ml lauwarmem Wasser verrühren und unter den Vorteig rühren. Übriges Mehl mit Salz vermischt ebenfalls unterarbeiten. Öl zugeben

und alles 5 Minuten rühren, bis ein glatter, weicher Teig entsteht, der sich vom Schüsselrand löst. Teig halbieren und in je 1 Schüssel abgedeckt weitere 3 Stunden bei Zimmertemperatur gehen lassen.

Zwei mit Backpapier belegte Backbleche dick mit Mehl bestreuen. Je 1 Teigportion diagonal als breiten Streifen auf je 1 Blech gießen. Mit bemehlten Händen etwas unter den Teig greifen und leicht zusammenschieben. Den Streifen so auf ca. 35 cm Länge bringen und darauf achten, dass nicht zu viel Luft aus dem Teig entweicht.

Teig mit Mehl bestäuben und nochmals 30 Minuten gehen lassen. Backofen auf 220 °C vorheizen, dabei

ein tiefes Blech mit 400 ml heißem Wasser auf der untersten Schiene mit erhitzen. Brote nacheinander auf der 2. Schiene von unten jeweils 10 Minuten backen; beim Einschieben die Ofentür nur ganz kurz öffnen! Tiefes Blech mit dem Wasser aus dem Ofen nehmen, Brote weitere 20 Minuten backen, dann vom Blech lösen und auf einen Rost geben.

TIPP: Ciabatta schmeckt am besten ganz frisch, daher nur kurz abkühlen lassen und sofort servieren.

FETTUNTA

1 Knoblauchzehe
4–8 Scheiben Ciabatta
4–6 TL Olivenöl / grobes Salz

Knoblauchzehe abziehen und halbieren. Ofenfrische Ciabatta-Scheiben mit dem aufgeschnittenen Knoblauch einreiben, mit Öl beträufeln und mit etwas Salz bestreuen.

TIPP: Statt Ciabatta kann man auch frisch geröstetes oder getoastetes Weißbrot verarbeiten. Nach Belieben können eingelegte Oliven dazu serviert werden.

TOMATEN-BRUSCHETTA

2–3 reife Tomaten
einige Stiele Rucola / Salz / Pfeffer
1–2 EL Olivenöl / 1 TL Balsamico-Essig / 1 Knoblauchzehe / 4 Scheiben Weißbrot oder 8 Scheiben Baguette

Tomaten blanchieren und häuten, halbieren, Kerne entfernen und das Fruchtfleisch fein würfeln. Rucola waschen und trocken schütteln, fein hacken und mit den Tomaten mischen. Salzen und pfeffern, Öl zugeben und mit etwas Essig abschmecken. Die Knoblauchzehe abziehen und teilen. Brotscheiben im Ofen oder unter dem Grill rösten. Das warme Brot mit dem Knoblauch gut einreiben. Darauf die Tomaten-Rucola-Mischung verteilen.

PILZ-BRUSCHETTA

12 Scheiben Baguette
4 EL Olivenöl / 1–2 Knoblauchzehen
250 g Champignons / 4 EL Öl / Salz
Pfeffer / ½ TL Zitronensaft
4 Stiele Thymian / 100 g Ricotta

Ofen zusammen mit einem Backblech auf 200 °C vorheizen. Die Brotscheiben mit Olivenöl beträufeln und auf das heiße Blech legen, auf der mittleren Schiene ca. 10 Minuten goldbraun rösten.

Knoblauchzehen halbieren und mit den Schnittflächen die gerösteten Baguette-Scheiben einreiben.

Champignons putzen und in Scheiben schneiden. In einer Pfanne mit dem restlichen Öl bei starker

Hitze ca. 3 Minuten braten. Mit Salz, Pfeffer und 1 Spritzer Zitronensaft würzen. Abgezupfte Thymianblättchen untermischen. Baguette-Scheiben mit Ricotta bestreichen und mit den Pilzen belegen. Nach Belieben mit grobem Meersalz bestreut servieren.

AUBERGINEN-SARDELLEN-CROSTINI

4 Auberginen / 12 Sardellenfilets (je nach Größe evtl. mehr)
1 EL Kapern / schwarzer Pfeffer
50 g Parmesan / 8 Scheiben Baguette

Backofen auf 220 °C vorheizen. Aubergine waschen, gut abtrocknen, dann in den Ofen geben und so lange backen, bis sie zusammenfällt und Blasen wirft. Nach dem Abkühlen häuten und das Fruchtfleisch fein hacken. Sardellen und Kapern abtropfen lassen und ebenfalls in feine Würfel schneiden. Mit Pfeffer würzen und frisch geriebenen Parmesan unterrühren. Die Creme auf den Brotscheiben verteilen und überbacken. Noch heiß servieren.

TOSKANISCHE ANTIPASTI

4 Paprikaschoten (rot und gelb)
150 ml (= 9–10 EL) Olivenöl
200 g Zucchini / 250 g Aubergine
Salz / Pfeffer / Zucker
3 EL Balsamico di Modena
100 g Rucola / 3 Stiele Basilikum
150 g Tomaten / 2 TL kleine Kapern

Backofen auf 200–220 °C vorheizen. Paprikaschoten waschen und abtrocknen, mit etwas Öl einpinseln und im heißen Backofen rösten, bis sich schwarze Blasen bilden. Schoten herausnehmen, mit einem feuchten Tuch abdecken und abkühlen lassen. Dann die Haut abziehen.

Paprika vierteln und entkernen. Zucchini putzen und schräg in dün-

ne Scheiben schneiden. Aubergine putzen und ebenfalls in Scheiben schneiden. 2 EL Öl in einer großen Pfanne erhitzen. Zucchini darin ca. 5 Minuten knackig braten. Mit Salz und Pfeffer würzen und zu den Paprika geben. Weitere 3 EL Öl in der Pfanne erhitzen, die Hälfte der Auberginen darin in etwa 5 Minuten hellbraun braten. Mit Salz und Pfeffer würzen. Die restlichen Auberginen in der Pfanne mit nochmals 3 EL Olivenöl ebenso zubereiten.

Balsamico mit Salz, Pfeffer und 1 Prise Zucker verrühren. Dann das restliche Öl unterschlagen. Rucola putzen, waschen, abtropfen lassen und klein schneiden. Basilikumblätter grob zerzupfen. Tomaten putzen und in Scheiben schneiden. Rucola, Basilikum, Tomaten, Auberginen, Paprika, Zucchini und die gut abgetropften Kapern mit der Vinaigrette mischen. Auf einer Platte anrichten.

ANTIPASTI-PLATTE

2 Knoblauchzehen
600 g Hähnchenfilet
1 TL getrocknete italienische Kräuter
9 EL Olivenöl / Salz / Pfeffer
Zucker / 1 Glas Röstpaprika (370 ml)
2 Tomaten / 1 große rote Zwiebel
1 Minirömersalat / 125 g Mozzarella
½ Bund Basilikum / 5 EL Balsamico-Essig / 80 g italienische Salami in sehr dünnen Scheiben

Knoblauch schälen und fein hacken. Fleisch waschen, trocken tupfen, in Würfel schneiden. Knoblauch, Hähnchen und getrocknete Kräuter mit 2 EL Öl, Salz und Pfeffer mischen und beiseite stellen.

Paprika abtropfen lassen und in Streifen schneiden. Tomaten waschen und in Stücke schneiden. Zwiebel schälen und in dünne Ringe hobeln. Salat putzen, waschen, abtropfen lassen und in Streifen schneiden. Mozzarella abtropfen lassen und grob zerzupfen.

1 EL Öl in einer Pfanne erhitzen. Fleisch darin unter Wenden ca. 5 Minuten braten. In der Zwischenzeit Basilikum waschen, trocken schütteln, Blätter abzupfen und in feine Strei-

fen schneiden. Essig mit etwas Salz, Pfeffer und Zucker verquirlen, 6 EL Öl im dünnen Strahl darunter schlagen. Basilikum zugeben. Salat auf einer großen Platte verteilen. Tomaten, Zwiebeln, Paprika, Salami und Mozzarella darauf verteilen. Fleisch in die Mitte geben. Alles mit der Vinaigrette beträufeln.

TIPP: Eine italienische Kräutermischung lässt sich leicht selbst herstellen, zum Beispiel aus einem Mix aus je 2 EL getrocknetem Oregano und Basilikum, je 1 EL Rosmarin und Thymian sowie je 1 TL Salbei und Majoran.

GEFÜLLTE TOMATEN

1 Topf Basilikum / 1 Bund Petersilie
50 g Crème fraîche
100 g weiche Butter
ca. 100 g Semmelmehl
8 große Fleischtomaten
400 g Kabeljaufilet / 1 Knoblauchzehe / 100 g Crème double / Salz
Pfeffer / Saft von 1 Zitrone
6 EL Olivenöl

Basilikum- und Petersilienblättchen abzupfen, waschen, trocken schütteln und fein hacken. Mit Crème fraîche pürieren, dann mit Butter und Semmelmehl vermengen. Masse in Streifen auf Butterbrotpapier streichen, zu einer Rolle aufrollen und 2 Stunden kühl stellen.

Tomaten waschen, gut abtrocknen. Dann das obere Viertel abschneiden und die Tomaten mit einem Löffel vorsichtig aushöhlen.

Fischfilets waschen, trocken tupfen und sehr fein würfeln. Knoblauch durch die Knoblauchpresse geben. Fischwürfelchen zuerst mit Knoblauch dann mit Crème double, Salz, Pfeffer und Zitronensaft mischen.

Backofen auf 225 °C vorheizen, nur die Oberhitze einstellen! Fischmasse in die Tomaten füllen. Von der gekühlten Kräutermasse ca. fingerdicke Scheiben abschneiden und auf die gefüllten Tomaten legen. Tomaten in eine feuerfeste Form geben, mit Öl beträufeln und im heißen Ofen ca. 10 Minuten überbacken.

INSALATA CAPRESE

100 ml Balsamico-Essig
3 EL flüssiger Honig
6 Stiele Basilikum
4 Pck. Mozzarella (à 125 g)
6 große Tomaten / 2 EL Olivenöl
Salz / Pfeffer

Essig und Honig aufkochen und etwa 10 Minuten sirupartig einkochen lassen. Zum Auskühlen zur Seite stellen.

Basilikum waschen, trocken schütteln und die Blättchen abzupfen. Mozzarella in je 6 Scheiben schneiden. Tomaten waschen und in je 4 Scheiben schneiden.

Tomaten, Basilikum und Mozzarella abwechselnd in eine Schale schichten, mit Olivenöl und Essigsirup beträufeln. Mit Salz und frisch gemahlenem Pfeffer würzen. Dazu passt Ciabatta.

CARPACCIO

300 g Rinderfilet / 3 EL Zitronensaft
6 EL Olivenöl (Extra Vergine) / Salz
Pfeffer / Rucola / 125 g Hartkäse
(z. B. Parmesan oder alter Pecorino)

Das Fleisch ca. 45 Minuten ins Gefrierfach legen. Aus frisch gepresstem Zitronensaft, Öl, Salz und frisch gemahlenem Pfeffer ein Dressing rühren. Fleisch mit dem elektrischen Messer oder mit einer sehr dünnen Einstellung der Brotmaschi-

ne in hauchdünne Scheiben schneiden. Die Fleischscheiben auf einem großen Teller dekorativ verteilen. Mit dem Dressing beträufeln.

Etwas Rucola waschen und gründlich trocken schütteln, auf den Fleischscheiben verteilen und alles mit dem frisch gehobelten Hartkäse bestreuen. Dazu passt Ciabatta.

SALBEI-SARDELLEN

12 Sardellenfilets in Öl (Konserve)
24 große, frische Salbeiblätter
Olivenöl zum Frittieren / 1 Ei / Salz
Pfeffer / 2–3 EL Mehl

Sardellen gut abtropfen lassen. Salbei abbrausen und trocknen. Je 2 Sardellenfilets zwischen 2 Salbeiblätter legen, leicht andrücken. Öl in einem Topf oder der Fritteuse erhitzen. Gewürztes Ei in einem tiefen Teller verquirlen, Mehl auf einen zweiten Teller sieben. Salbei-Sardellen zuerst in Mehl wälzen, dann durch das Ei ziehen und im heißen Fett ausbacken. Auf Küchenpapier abtropfen lassen. Warm servieren.

SCHNELLES TIRAMISU

4 frische Eigelb / 4 EL Zucker
500 g Mascarpone
abgeriebene Schale von 1 Bio-Zitrone
150 g Löffelbiskuits
200 ml kalter Espresso
4 EL Marsala (ital. Dessertwein) oder Weinbrand / 2 EL Kakaopulver

Eigelb und Zucker cremig schlagen, nun Mascarpone löffelweise unterrühren. Mit Zitronenschale abschmecken. Eine große Form mit den Biskuits auslegen, Espresso und Marsala mischen und über die Biskuits träufeln. Die Mascarpone-Masse auf den Biskuits verteilen und ca. 3 Stunden kalt stellen. Vor dem Servieren mit Kakaopulver besieben.

FRAGOLE CON ACETO BALSAMICO

(Marinierte Erdbeeren)

500 g Erdbeeren / 60 g Zucker
60 ml Balsamico-Essig / 2 EL Honig
2 EL Basilikumblättchen / Pfeffer

Die Erdbeeren waschen, Fruchtansatz entfernen. Je nach Größe halbieren oder vierteln und in eine Schüssel geben. Basilikumblätter kurz abbrausen, trocken schütteln und in feine Streifen schneiden, zu den Erdbeeren geben. Den Balsamico-Essig darüber träufeln und mit frisch gemahlenem Pfeffer würzen. Mindestens 15 Minuten bei Raumtemperatur ziehen lassen, dabei ab und an umrühren.

EXOTISCHE KNABBEREI – MEZZE

Kennen Sie *Mezze* oder *Meze*? Die Bezeichnung soll auf das persische *mazze* bzw. *mazīdan* zurückgehen und so viel wie „Geschmack“ oder „Imbiss“ bedeuten. Die aromatischen Leckerbissen stammen aus dem orientalischen und arabischen Mittelmeerraum und locken mit einer kulinarischen Vielfalt, für die unser Wort „Vorspeise“ einfach nicht passt. *Mezze* können Salate, Pasten, Fleischhäppchen, Fisch und Meeresfrüchte, selbst Süßspeisen sein. Oft werden sie mit rein pflanzlichen Zutaten zubereitet und erfreuen daher auch Vegetarier und Veganer. Mit Kichererbsen als Basis kommen die Mezze als *Hummus* (Kichererbsenpüree mit Olivenöl und Gewürzen), *Falafel* oder als *Fatteh* (Suppe mit Brot und gekochten Kichererbsen) auf den Tisch. Es gibt die Sesampaste *Tahin*, Kräutersalate, gebratene Auberginen, aber auch *Köfte* (Hackfleischbällchen) und *Kibbeh* sind beliebt. Auf Fleisch muss also nicht zwangsläufig verzichtet werden. Joghurt, Tomaten, Oliven und Olivenöl gehören ebenso dazu wie Kreuzkümmel, Koriander, Kurkuma und Safran. Die einzelnen Speisen werden zumeist kalt serviert und zum Essen und Genießen lässt man sich viel Zeit. Viele Gründe, sie in geselliger Runde auszuprobieren.

TSATSIKI

½ Salatgurke / 2 Knoblauchzehen
500 g Joghurt / 2 EL Olivenöl
Salz / Pfeffer

Salatgurke gründlich waschen, trocken reiben und mit der Schale grob raspeln. In einem Sieb gut abtropfen lassen. Die Knoblauchzehen schälen und fein hacken oder durch eine Knoblauchpresse geben. Joghurt und Olivenöl verrühren, mit Salz und Pfeffer würzen, Gurke und Knoblauch unterheben und durchziehen lassen.

BABA GHANOUSH

(Auberginen-Sesam-Püree)

1–2 EL Olivenöl
1 große Aubergine (ca. 300 g)
1 Knoblauchzehe
3 EL geröstete helle Sesamkörner
Saft von ½ Zitrone
1–2 EL Tahin (siehe Tipp)
3–4 Stiele frische Petersilie
½ TL Kreuzkümmel / Salz / Pfeffer
schwarze Sesamkörner
Granatapfelkerne

Aubergine waschen, trocknen und halbieren. Die Hautseite mit einem Messer oder einer Gabel mehrmals anstechen, dann mit den Schnittflächen nach unten in eine mit Olivenöl ausgepinselte, feuerfeste Form

legen. Im ca. 200 °C heißen Ofen etwa 40 Minuten garen. Das Fruchtfleisch soll ganz weich sein. Auberginen-Hälften aus dem Ofen nehmen, kurz abkühlen lassen und das Fruchtfleisch mit einem Löffel auskratzen. In den Mixer geben. Knoblauchzehe abziehen und durch die Presse geben oder sehr klein schneiden. Geröstete Sesamkörner, Zitronensaft, Tahin, gewaschene und trocken geschüttelte Petersilie sowie die Gewürze zugeben und alles zu einer gleichmäßigen Masse pürieren (geht auch mit dem Pürierstab). Das fertige Auberginen-Sesam-Püree mit ein klein wenig Olivenöl, Salz, Pfeffer und nochmals etwas Zitronensaft abschmecken. Vor dem Servieren mit schwarzen Sesamkörnern und Granatapfelkernen bestreuen.

TIPP: Tahin ist eine Paste aus gemahlenen Sesamsamen mit einem leicht nussigen Geschmack. Sie ist in Asialäden, Reformhäusern oder türkischen Supermärkten erhältlich und muss kühl und dunkel (im Kühlschrank) gelagert werden. Da sich oben oft Öl absetzt, ist es wichtig, sie vor der weiteren Verarbeitung gründlich durchzurühren.

HUMMUS

2 Dosen Kichererbsen (à 400 g Abtropfgewicht) / 2 Knoblauchzehen
½ Bio-Zitrone
4 EL Tahin (siehe Seite 91)
Salz / Pfeffer / 9 EL Olivenöl
1 TL gemahlener Kreuzkümmel
½ TL Chiliflocken
4 Stiele glatte Petersilie / Fladenbrot

Kichererbsen gut abtropfen lassen. Inzwischen die Knoblauchzehen abziehen und grob hacken, zu den Kichererbsen geben.

Zitrone heiß abwaschen, abtrocknen, die Schale fein abreiben, dann den Saft auspressen. 2 TL Zitronenschale und 3 EL Zitronensaft und Tahin zugeben, mit Salz und Pfeffer

abschmecken und alles mit 6 EL Olivenöl fein pürieren.

Vor dem Anrichten mit Kreuzkümmel, Chiliflocken und weiterem Zitronensaft pikant abschmecken, mit dem restlichen Öl beträufeln. Petersilie hacken und damit garnieren. Dazu Fladenbrot servieren.

TABOULÉ

(Libanesischer Bulgursalat)

150 ml Gemüsebrühe
100 g feiner Bulgur / 1 Granatapfel
1 rote Chilischote
2 kleine Gurken (à ca. 200 g)
1 rote Zwiebel / 100 g Petersilie
4 Stiele frische Minze
4 Stiele frischer Koriander
8 EL Zitronensaft / 1 EL Honig
3 EL Olivenöl / Salz / Pfeffer
2 EL Granatapfelsirup

Die Gemüsebrühe (Instant oder selbst zubereitet) in einem ausreichend großen Topf aufkochen. Bulgur in die Brühe unterrühren, Topf vom Herd nehmen und Bulgur zugedeckt 10 Minuten quellen lassen, dann auflockern und abgedeckt beiseite stellen.

Granatapfel quer halbieren und die Kerne herauslösen. Chili mit Kernen fein schneiden. Gurken und Zwiebel fein würfeln. Kräuter waschen, trocken schütteln und fein hacken.

Zitronensaft, Honig und Olivenöl verrühren, mit Salz und Pfeffer würzen. Die vorbereiteten Zutaten mit dem Dressing mischen. Bis zum Servieren im Kühlschrank durchziehen lassen, dann mit Salz und Pfeffer würzen und dem Sirup beträufeln.

FATOUSCH

(Brotsalat)

4 Frühlingszwiebeln
12 Radieschen / 4 Fleischtomaten
1 Bund frische Minze / 1 Salatgurke
½ Eisbergsalat
1 Bund glatte Petersilie
1 rote Paprika / 1 grüne Paprika
1 rote Zwiebel / 1 Fladenbrot
3–4 EL Olivenöl / Saft von ½ Zitrone
2–3 Knoblauchzehen / Salz
Koriander

Alle Gemüsesorten sorgfältig waschen und putzen, dann in mundgerechte Stücke schneiden. Das Fladenbrot in einer ausreichend großen Pfanne ohne Öl kurz anrösten und in kleine Stückchen brechen. Mit dem

Gemüse mischen. Olivenöl mit Zitronensaft, den in Salz zerdrückten Knoblauchzehen und etwas Koriander zu einem Dressing verrühren und über den Salat verteilen.

FALAFEL

150 g getrocknete Kichererbsen
1 Zwiebel / 2 Knoblauchzehen
250 g dicke Bohnen (Konserve o. TK)
2 Stiele Petersilie
4 Stiele frischer Koriander
2 Stiele Dill / 1 rote Pfefferschote
2 Kardamomkapseln / 1 TL Kreuzkümmel / 1 EL Mehl
1 EL Backpulver / Salz / Pfeffer
5 EL Mohnsaat / 1 l Sonnenblumenöl

Kichererbsen über Nacht in reichlich kaltem Wasser einweichen, dann im Sieb abtropfen lassen. Zwiebel und Knoblauch abziehen und in kleine Würfel schneiden. Die Bohnen abtropfen lassen (TK-Bohnen in kaltem Wasser auftauen). Bohnenkerne aus den Häuten drücken. Petersilie, Koriander und Dill grob schneiden. Pfefferschote in Stücke schneiden. Kardamomkapseln andrücken und die Samen herauslösen. Kreuzkümmel und Kardamom in einer Pfanne ohne Fett anrösten, abkühlen lassen und im Mörser fein mahlen.

Die vorbereiteten Zutaten mit Mehl, Backpulver, 3 EL Wasser, Salz und Pfeffer in der Küchenmaschine mittelfein pürieren. Mohn auf einen

Teller geben. Aus der Kichererbsenmasse mit 2 Esslöffeln ca. 16 Nocken formen. Nocken auf einer Seite in den Mohn drücken.

Sonnenblumenöl auf ca. 170 °C erhitzen. Falafel in 2 bis 3 Portionen darin jeweils ca. 4 Minuten goldbraun frittieren, auf Küchenpapier abtropfen lassen.

TIPP: Kichererbsen aus der Dose sind nicht geeignet, die Falafel bekommen keine ausreichend feste Konsistenz und fallen beim Frittieren schnell auseinander. Daher immer trockene Kichererbsen verarbeiten.

KÖFTE

1 Zwiebel / 1–2 Knoblauchzehen
500 g Lamm- oder Rinderhackfleisch
1 Ei / 2–3 Stiele glatte Petersilie
3 EL Öl / 3 EL feiner Bulgur
1 TL Salz / 1 TL Pfeffer
½ TL Chilipulver / 1 EL Gemüsebrühe (Instant) / Öl zum Braten

Zwiebel und Knoblauch abziehen, dann sehr klein schneiden, zum Hackfleisch geben und mit dem Ei gründlich verkneten. Petersilie abbrausen, klein schneiden und zur Fleischmasse geben. Öl und Bulgur unterarbeiten und kräftig würzen. Die Hackmasse abgedeckt ca. 1 Stunde im Kühlschrank ruhen lassen. Der Bulgur wird weich, die Masse fester.

Anschließend je nach geplanter Zubereitung mit leicht eingeölten Händen entweder kleine Kugeln formen und platt drücken, um die Köfte in der Pfanne zu braten, oder große, flache „Burger-Patties“ zum Grillen formen.

TIPP: Man kann die Hackmasse auch zwischen Kartoffelscheiben in eine Auflaufform schichten und mit einer Tomatensauce im Backofen ca. 20 bis 25 Minuten überbacken.

SPINATTASCHEN

400 g TK-Blattspinat / 1 Zwiebel
1 Knoblauchzehe / 2 EL Pinienkerne
½ TL Kreuzkümmel / 3 EL Olivenöl
½ Bio-Zitrone / 3 EL Rosinen
Salz / Pfeffer / 1 Eigelb
1 Pck. backfertiger Blätterteig (275 g)
250 g Naturjoghurt

Spinat auftauen lassen, dann gut ausdrücken und grob hacken. Zwiebel und Knoblauch abziehen und fein würfeln. Pinienkerne und Kreuzkümmel in einer Pfanne ohne Fett rösten, bis die Kerne goldbraun sind. Öl in einer Pfanne erhitzen, Zwiebeln und Knoblauch andünsten, bis sie glasig sind, den Spinat zugeben und ca. 4 Minuten mitdünsten.

Zitrone heiß abwaschen, abtrocknen und die Schale fein abreiben, Saft auspressen. Pinienkerne, Kreuzkümmel, Rosinen und 1 TL Zitronenschale untermischen, mit Salz und Pfeffer würzen.

Eigelb mit etwas Wasser verrühren. Blätterteig entrollen, in 8 Quadrate schneiden und auf ein mit Backpapier ausgelegtes Blech legen. Teig dünn mit der Hälfte des Eigelbs bestreichen. Spinatmischung auf die Teigquadrate verteilen. Teig von der einen Ecke zur anderen über die Füllung klappen und die Ränder gut zusammendrücken. Dreiecke mit restlichem Eigelb bestreichen und im heißen Ofen bei 180 °C auf der mittleren Schiene 15 bis 20 Minuten mit

Ober- und Unterhitze goldbraun backen.

Inzwischen den Joghurt mit einem weiteren TL Zitronenschale und 2 bis 3 TL Zitronensaft verrühren, mit Salz und Pfeffer abschmecken und zu den Teigtaschen servieren.

DOLMA

(Gefüllte Weinblätter)

Für 35 Stück

35–40 vorgekochte Weinblätter
150 g Langkornreis / 1 Zwiebel
1 Knoblauchzehe
1 Aubergine (ca. 250 g)
6 EL Olivenöl / 3 EL Zitronensaft
Salz / 1 TL Oregano
1 EL frischer Dill / Pfeffer / Salz

Für dieses Rezept im Supermarkt fertig in Salzwasser eingelegte Weinblätter kaufen. Diese für einige Minuten in kaltes Wasser legen, dann gut abtropfen lassen.

Zuerst den Reis kochen, abgießen und auskühlen lassen. Zwiebel und Knoblauchzehe schälen, beides in

feine Würfel schneiden. Aubergine waschen und ebenfalls fein würfeln.

2 EL Olivenöl in einem Topf erhitzen, Zwiebel und Knoblauch kurz anschwitzen und die Auberginenwürfel zugeben. Alles schmoren. Mit Zitronensaft, Kräutern, Salz und Pfeffer würzen, dann mit etwas heißem Wasser ablöschen. Auberginengemüse kurz aufkochen, anschließend zugedeckt etwa 30 Minuten sanft köcheln, bis fast die gesamte Flüssigkeit eingekocht ist. Mit dem Pürierstab kurz pürieren. Nochmals abschmecken und den Reis unterrühren.

Weinblätter mit der Innenseite des Blattes nach oben ausgebreitet auf den Tisch legen und auf jedes ca. 1 stark gehäuften TL Reisfüllung setzen. Dann die beiden Seiten des Blattes hochschlagen, anschließend die unteren Kanten umschlagen und die Füllung zur Spitze hin in das Weinblatt einrollen. Alle Rollen mit der Blattöffnung nach unten eng aneinander in den Topf schichten.

Mit dem restlichen Olivenöl und Zitronensaft begießen und so viel heißes Wasser aufgießen, dass die Weinblätter knapp bedeckt sind. Zum Beschweren einen Teller auf die Röllchen geben und zugedeckt einmal aufkochen. Dann 1 reichliche Stunde bei milder Hitze sanft köcheln. Die Dolma in der restlichen Kochflüssigkeit im Topf abkühlen lassen. Herausheben, abtropfen lassen und kalt als Vorspeise servieren.

KLEINE PASTETEN MIT HUHN

2–3 Knoblauchzehen
400 g Naturjoghurt / Salz
½ Bund frischer Koriander
500 g Hähnchenbrustfilet
2 Zwiebeln / 4 EL Olivenöl
2 TL gemahlener Zimt
1 TL gemahlener Kreuzkümmel
½ TL gemahlener Ingwer / 2 Eier
350 g Filoteig / 100 g Butter

Knoblauch abziehen, sehr fein hacken, unter den Joghurt rühren, salzen und kühl stellen. Koriander abbrausen, trocken schütteln und hacken. Hähnchenfleisch waschen und gründlich abtrocknen, erst grob zerteilen, dann fein würfeln und zuletzt z. B. mit einem Wiegemesser sehr fein zerkleinern. Zwiebeln schälen, fein hacken. Öl in einer Pfanne erhitzen und die Zwiebeln kurz anschwitzen. Das Hähnchenhack zugeben und unter Rühren ca. 1 Minute anbraten. Mit Zimt, Kreuzkümmel und Ingwer würzen, alles gut mischen und etwa 10 bis 15 Minuten bei mittlerer Hitze garen. Zuletzt den Koriander unterrühren. Verquirlte Eier zum Fleisch geben. Kurz weiter garen, bis die Masse andickt. Pfanne vom Herd nehmen und nochmals kräftig abschmecken.

Während das Fleisch auskühlt, den Ofen auf 150 °C vorheizen. Den Filoteig in je 4 gleichgroße Rechtecke schneiden und diese aufeinanderlegen. Mit einem feuchten Küchentuch abdecken. Nach ein paar Minuten sind die Teigblätter weich. Inzwischen die Butter zerlassen. Jedes Rechteck vorsichtig mit Butter bestreichen, dann an eine der schmalen Rechteckseiten etwas Fleisch verteilen. Die Ränder um die Füllung schlagen und der Länge nach aufrollen. Die Pasteten auf ein gefettetes oder mit Backpapier ausgelegtes Backblech setzen und mit noch etwas Butter bestreichen. Ca. 25 Minuten backen, bis sie goldbraun sind. Mit dem Joghurt als Dip servieren.

BAKLAVA

(Süßes Nussgebäck)

200 g gemischte Nüsse (Pistazien, Mandeln, Wal- und Haselnüsse)
1 TL Zimt / 500 g Filoteig
200 g Butter

Zuckersirup

300 g Zucker / 1 TL Zitronensaft
20 ml Rosenwasser

Alle Nüsse grob mahlen oder fein hacken. Mit Zimt mischen und zur Seite stellen.

Butter schmelzen. Ofen auf 160 °C vorheizen. 200 g Filoteig abwiegen.

Den Boden einer tiefen Backform (ca. 25 cm × 35 cm) mit einer doppelten Lage Filoblätter bedecken, dann mit viel flüssiger Butter bestreichen, wieder zwei Schichten Blätter auflegen, auch diese mit flüssiger Butter einstreichen. So weiter verfahren, bis die 200 g Filoteig verbraucht sind. Jetzt die Nussmischung darauf verteilen.

Zum Abschluss die restlichen 300 g Filoteig ebenso verarbeiten wie die ersten Lagen, bis der komplette Teig und die Butter verbraucht sind.

Die letzte Lage mit Butter bestreichen. Mit einem scharfen Messer die Masse vorsichtig in Stückchen schneiden. Die so vorbereitete Baklava mit etwas kaltem Wasser besprühen, damit der Teig nicht zu sehr

aufgeht und die Oberfläche knusprig wird. Dann ca. 30 bis 40 Minuten backen, bis es goldbraun ist.

Für den Zuckersirup in einem Topf Zucker mit 200 ml Wasser verrühren, aufkochen, auflösen lassen und ca. 5 bis 10 Minuten bei geringer Hitze reduzieren. Zitronensaft unterrühren und etwas Rosenwasser zugeben.

Von der fertigen Baklava gegebenenfalls überschüssige Butter abgießen und das Gebäck noch heiß mit dem ebenfalls heißen Sirup übergießen. Durchziehen und abkühlen lassen. Die vorgeschnittenen Stückchen nochmal mit einem Messer abtrennen.

GEFÜLLTE DATTELN

8–16 Walnüsse
8–16 frische Datteln / Butter / Zimt

Walnusskerne ohne Fett kurz in einer Pfanne rösten, sie dürfen nicht dunkel werden. Datteln vom Kern befreien (kleiner seitlicher Schnitt, dann den Kern herausdrücken) und mit jeweils einer Nuss füllen. Etwas Butter in einer Pfanne zerlassen und die Datteln darin schwenken. Mit Zimt bestäuben und den Deckel auflegen. Vom Herd nehmen und etwas stehen lassen, damit die Datteln die Aromen aufnehmen. Die Datteln schmecken sowohl warm als auch kalt.

GRIESS-AUFLAUF

75 g getrocknete Datteln
50 g Pistazienkerne / 2 Eier
1 l Milch / 150 g Zucker
1 Bio-Zitrone
150 g Weizen-Grieß
150 g Magerquark
2 Grapefruits
3–4 Stiele frische Minze
2 EL Honig / etwas Butter für die Auflaufform

Datteln in grobe Würfel schneiden. Pistazien grob hacken. Eier trennen. Eiweiß steif schlagen. Eigelb mit 4 EL Milch glattrühren. Zitrone heiß abwaschen, abtrocknen und die Schale dünn abschälen, in Streifen schneiden.

Übrige Milch, Zucker und Zitronenschale aufkochen. Vom Herd nehmen, Zitronenschale entfernen. Grieß unter ständigem Rühren einstreuen. Nochmals unter Rühren aufkochen, vom Herd nehmen und quellen lassen. Quark, Eigelb, Datteln und zwei Drittel der Pistazien unterrühren, dann den Eischnee unterheben

Ofen auf 200 °C vorheizen. Grießmasse in eine gefettete Auflaufform füllen und ca. 30 Minuten backen.

Inzwischen Grapefruits schälen, darauf achten, dass die weiße Haut vollständig entfernt wird. Filets mit einem scharfen Messer zwischen den Trennhäuten herauslösen. Saft aus den Trennhäuten drücken, anderweitig verwenden. Minze waschen, trocken schütteln. Blättchen abzupfen und grob schneiden.

Grapefruitfilets, Honig und die restlichen Pistazien vermengen. Fertigen Auflauf etwas abkühlen lassen, den Grapefruit-Salat darauf anrichten und mit Minze bestreut servieren.

REZEPT-VERZEICHNIS

AUS DEM LIEFERBAREN
MINI-ANGEBOT
[Auswahl]

NATUR & GESUNDES

Aloe vera • Alte Gemüsesorten • Amaranth & andere Vitalkörner • Apfelbüchlein Aronia • Backen einmal anders Bauernweisheiten • Blüten für Genießer Brennnessel • Bezaubernde Dahlien Duft- & Heilöle • Essen von der Wiese Essbares von Bäumen & Sträuchern Frauenkräuter • Gesundes Kraut • HANF Heilkräuterbüchlein • Herbe Beeren Hildegard von Bingen • Holunder-Rezepte Honig • Ingwer • Kleine Kräuterapotheke Knoblauch • Küchenkräutergarten Kürbisbüchlein • Minze • Mohn Multitalent Zwiebel • Mythos Ginkgo Neues Katzenbüchlein • Noch mehr Essen von der Wiese • Nüsse – rundum gesund Pilz-ABC • Powerfood • Quinoa • Salbei Salz • Sanddorn-Rezepte • Tomatenbüchlein Vegane Küche • Weizengras, Sprossen & Co.

ESSEN & TRINKEN

Antipasti, Tapas und mehr • Bento – Genuss „to go" • Berlin kulinarisch Brot backen • Die Küche der 100-Jährigen Dinkelgebäck • Eis & mehr • Essen wie im Mittelalter • Fast Food • Filinchen

Fingerfood • Fisch-Kochbuch • Gewürze
GIN • Grillen exotisch • Kaffeevergnügen
Kartoffeln • Kochbüchlein Schweiz
Küchen- und Restaurant-Knigge
Lauter scharfe Sachen • Marmelade & Gelee
Mecklenburg-Vorpommern kulinarisch
Milch-Büchlein • Muslimische Feste und
Gerichte • Oliven • Ostpreußen kulinarisch
Paleo • Pasta vegetarisch • Sachsen
kulinarisch • Sachsen-Anhalt kulinarisch
Schlemmerbüchlein • Schwarzbier
Senfbüchlein • Smoothies • Spargel-Rezepte
Stollenbäckerei • Süße Sünde: Schokolade
Süße Verführung • Süßes im Advent
Teegenuss • Thüringen kulinarisch
Trendgebäck • Weihnachten. Bräuche &
Rezepte • Der Weinkenner • Whisky

LITERARISCHES

Das kleine Bach-Büchlein (auch engl.)
Die Geheimnisse der Familie Bach
Wilhelm Busch • Business-Knigge
Minibibliothek (Bibliografie) • Erzgebirgisches
Weihnachtsbüchlein • Fange jetzt zu leben an
Faust-Zitate • Frauen • Frauen der
Reformation • Frauen-Weisheit
Paul Gerhardt • Goethe-Zitate
Große Sachsen • Große Thüringer
Gute-Laune-Büchlein • HairAffair!
Heldenjungfrauen • Ich hab dich so lieb
Kinder sind die besten Philosophen
Liebe Mama ... • Liebe Oma ... • Lieber Opa ...
Lieber Papa ... • Martin Luther

Märchenkönig Ludwig II. (auch engl.)
Jenny und Karl Marx • Karl May
Mein Leipzig • Wolfgang A. Mozart
Musenkuss – Richard Wagner
Nietzsche-Zitate • Nur mit dem Herzen ...
(Saint Exupéry) • Philosophinnen-Sprüche
Sandmännchen • Schiller-Zitate
Clara & Robert Schumann
Shakespeare für Verliebte • Theodor Storm
Thomaner-Büchlein • Leonardo da Vinci
Wahrsagen à la Lenormand • Weisheiten aus
dem Fernen Osten • Weisheiten der Welt
Wunderkinder • Heinrich Zille

STADT & LAND

Berlin für die Westentasche (auch engl.)
Bernburg • Böhmisches Dorf in Berlin
Chemnitz für die Westentasche • Dresden für
die Westentasche • Görlitz für die Westentasche
Halle für die Westentasche • Herrnhut
Im Spreewald unterwegs • Leipzig (auch engl.)
Lutherstadt Wittenberg • Magdeburg für die
Westentasche • Musikalischer Stadtrundgang
durch Leipzig • Naumburg • Potsdam für die
Westentasche • Parks & Gärten in Sachsen-
Anhalt • Schwerin für die Westentasche
Weimar für die Westentasche

BuchVerlag für die Frau
Gerichtsweg 28 · 04103 Leipzig
www.buchverlag-fuer-die-frau.de
info@buchverlag-fuer-die-frau.de